CONSIDERACIONES SOBRE LAS RIQUEZAS DE ESPAÑA

Montesquieu

CONSIDERACIONES SOBRE LAS RIQUEZAS DE ESPAÑA

precedidas de su génesis
De la principal causa de la decadencia de España

Primera edición íntegra en español
Prefacio, traducción y notas de
Ángel Espinosa Gadea

Editorial
Letra Minúscula

Primera edición: febrero de 2025
ISBN: 978-84-1090-157-5
Depósito legal: B 3973-2025
Título original: *Considérations sur les richesses de l'Espagne*
Copyright © 2025 Ángel Espinosa Gadea (prefacio, traducción y notas)
Editado por Editorial Letra Minúscula
www.letraminuscula.com
contacto@letraminuscula.com

Todos los derechos reservados. Bajo las sanciones establecidas en el ordenamiento jurídico, queda rigurosamente prohibida, sin autorización escrita de los titulares del *copyright*, la reproducción total o parcial de esta obra por cualquier medio o procedimiento, comprendidos la reprografía y el tratamiento informático.

ÍNDICE

Prefacio 11

Consideraciones sobre las riquezas de
España 15
    De la principal causa de la
    decadencia de España 17
    Segunda memoria 37
    Tercera memoria 42

Consideraciones sobre las riquezas de
España 49
    Artículo 1 49
    Artículo 2 55
    Artículo 3 61
    Artículo 4 62
    Artículo 5 63
    Artículo 6 64
    Artículo 7 68
    Artículo 8 70
    Artículo 9 74

PREFACIO

Montesquieu trabaja en su opúsculo *Consideraciones sobre las riquezas de España* de forma paralela a sus *Reflexiones sobre la monarquía universal en Europa*, hacia 1724. Ambos textos auguran y participan en la génesis de obras posteriores como *El espíritu de las leyes* y *Consideraciones sobre las causas de la grandeza y decadencia de los romanos*. Nuestra traducción, hecha a partir de los manuscritos originales, arranca en el esbozo previo —articulado en tres memorias— del opúsculo, con las acotaciones del propio Montesquieu, hasta llegar a su forma más elaborada, que no llegó a publicarse en Francia hasta nuestro siglo, e inédita hasta ahora en lengua española.

Para cuando el autor manuscribe su opúsculo, hacia 1724, durante el reinado del primer rey Borbón de España, Felipe v, la monarquía española posee el mayor imperio jamás habido en la historia hasta entonces. Sin embargo, a pesar de sus inabarcables dominios territoriales y de la extracción de metales preciosos de las Américas, a lo largo de los siglos xvi y xvii los monarcas de las Españas declaran un número impensable de quiebras. ¿Leyenda negra o análisis crítico y atinado de los hechos? Que sea el público, para el cual esta obra había permanecido recóndita durante cerca de tres siglos, quien juzgue por sí mismo a la luz de la pluma preclara de Montesquieu.

Hemos descartado por excesivas las acotaciones del propio autor que se refieren a cambios sintácticos o estilísticos triviales; sin embargo, hemos recogido todas aquéllas que entrañan algún cambio sustancial en la redacción, aquéllas que añaden conceptos o las que los tachan, pues permiten entrever la evolución textual e intelectiva que lleva al autor desde el texto en estado embrionario hasta su forma, si no conclusa y definitiva, sí al menos más pulida.

CONSIDERACIONES SOBRE LAS RIQUEZAS DE ESPAÑA

precedidas de su génesis
DE LA PRINCIPAL CAUSA DE LA DECADENCIA DE ESPAÑA

DE LA PRINCIPAL[1] CAUSA DE LA DECADENCIA DE ESPAÑA

Se[2] han aducido varias causas de la decadencia de España. Hay una[3] a la que no me consta que hasta ahora nadie haya prestado atención, que es sin embargo[4] la más

---

[1] Montesquieu tacha aquí «verdadera». De ahora en adelante abreviaremos el apelativo del autor con su inicial (M.).

[2] M. escribe lo siguiente en el margen: «Vale para el c[*apítulo*] relativo al comercio, libro segundo, y es el borrador del opúsculo manuscrito que hice primero, y unos veinte años antes que el *Espíritu de las leyes*, y que conservo sin intención de darle uso, dado que tras el primer manuscrito vino un segundo titulado *La monarquía universal*, que mandé imprimir junto con *Los romanos*, pero que hubo razones que me hicieron suprimir». En ésta y sucesivas notas, el texto entre corchetes es nuestro, así como todo lo que no esté entrecomillado.

[3] M. tacha «He aquí la grande y verdadera».

[4] M. tacha «me parece».

considerable. Voy a hablar de ella[5] aquí.

Una vez que los españoles hubieron conquistado el Nuevo Mundo, se hicieron con todo el oro y la plata que encontraron en él.

La cantidad de uno y otra no era tan grande como pudiera imaginarse, por dos razones: la primera, que los indios, que sólo se servían del oro y la plata en aras de la magnificencia de templos de dioses y palacios de reyes, no los buscaban con la misma avaricia que nosotros; la segunda, que no conocían los entresijos para extraer oro de todas las minas, sino sólo de aquéllas en que el metal se separa con fuego, pues desconocían la forma de usar el mercurio[6], y acaso hasta el propio mercurio.

---

5   M. tacha «explicarla».

6   M. escribe en el margen: «No tenían madera y subían sus hornillos a las montañas para que el viento mantuviera el fuego». M. añade: «Creo que esta observación es del Inca Garcilaso». En efecto, en el capítulo XXV (titulado «Del azogue, y cómo fundían el metal antes de él») de la primera parte de sus *Comentarios Reales de los Incas*, Inca Garcilaso de la Vega relata cómo se

No obstante, como la plata era muy escasa en Europa por dos razones, la primera porque las devastaciones de las naciones del norte, el saqueo y el incendio de las ciudades habían consumido o hecho perder casi todo el oro de los romanos, y la segunda porque como aquellos pueblos bárbaros carecían de manufacturas toda la plata se había ido sin remedio en trueque de mercaderías de Asia, ocurrió que España, dueña[7] de un país abundante en oro y plata, resultó

---

las ingeniaban los incas para fundir el metal de la plata antes de que se hallara el azogue, esto es, el mercurio. Cuenta que extraían la plata de un cerro grande llamado Hatun Potocchi o Potocsi (de ahí «Potosí»); Inca Garcilaso menciona en su crónica unos «hornillos portátiles a manera de anafes de barro» donde fundían el metal; añade Inca: «no fundían con fuelles ni a soplos, con los cañutos de cobre, como en otra parte dijimos que fundían la plata y el oro para labrarlo (...) por lo cual dieron en fundirlo al viento natural». Por la descripción de Inca Garcilaso, cabe pensar que esos anafes u hornillos atizados por el viento acaso fueran huayras o guairas prehispánicas.

7 M. tacha «los españoles, dueños».

ser durante un tiempo muy corto en verdad la nación de Europa más poderosa[8].

Ello hizo que Felipe II, que se veía dueño de una inmensa cantidad de oro y de plata, llevara a cabo grandes empresas; pero por la razón que diremos más adelante, se engañó tanto con sus riquezas que se vio obligado a llevar a cabo la célebre quiebra por todos consabida, y acaso no ha habido jamás príncipe que sufriera más que él, de la miseria, los rumores, la insolencia[9] y la deserción de sus tropas siempre mal pagadas[10].

---

8 M. tacha «resultaron ser los pueblos de Europa más poderosos y más formidables». Cabe señalar que la primera acepción de «formidable» es 'muy temible y que infunde asombro y miedo', a la cual se suman las de 'excesivamente grande en su línea' y 'magnífico' (*Diccionario* de la Real Academia Española).

9 M. tacha «las revueltas».

10 M. intercala a continuación, entre este párrafo del primer folio y el siguiente del segundo, una nota en que hace cuentas para cerciorarse de las tesis que irá exponiendo más adelante. La reproducimos aquí por su valor histórico, económico y numismático:

«En 1533 el Inca Garcilaso escribía que 40 escudos de oro valían 16.000 maravedís; y un escudo de oro, 14 florines. Un escudo de oro valía veintiocho maravedís y medio, un ducado de Flandes. Las tierras valían veinte veces más que antes de la conquista de las Indias, como dice en su historia [*Historia general del Perú, capítulo III*], citando a Bodin. En 1560, dos pares de zapatos le costaron a Garcilaso un real y medio. En 1613, cuestan cinco reales y aun deberían de haber costado más por las razones que dice. Desde 1560 hasta 1613, la plata se duplicó dos veces en Europa. El propio Inca dice que en una sola armada el rey Felipe II recibió del Perú 23 millones de pesos [*Inca Garcilaso dice en verdad 25 millones de pesos; ídem, capítulo VII*] de oro y de plata. 6 millones de maravedís, 16.000. Un maravedí en España vale tres denarios [*franceses*]. 170 maravedís equivalen a una libra de Francia. 325 maravedís equivalen a un ducado. 34 maravedís equivalen a un real de plata. Los antiguos maravedís eran de oro y plata. Valían la tercera parte de un real del mismo peso de hoy día. Así, cada uno valía 12 maravedís de los de ahora. En tiempos de Alfonso XI, el maravedí valía diecisiete de los de ahora; en tiempos de Enrique II y Juan I, valía diez; en tiempos de Enrique III, valía tres; en tiempos de Juan, dos y medio. Mil libras de peso en oro, tres millones de libras [*tornesas*]. En tiempos de Bodin, la proporción entre oro y plata era de 12 a 1».

Cada nación que comercia en Europa tiene sus mercaderías o materias primas[11] privativas que canjea por las mercaderías o materias primas de los demás países[12].

---

11 La palabra francesa *denrées* aparece sola (sin mercaderías) en la primera redacción tanto aquí como más abajo. En puridad, el vocablo *denrées* significa 'víveres' y se dice principalmente de los alimentos; sin embargo, Montesquieu lo emplea en una acepción más amplia en sus textos y, de hecho, recurre a menudo a él para referirse, por ejemplo, al oro y la plata. No en vano, hacia su época, *matière première* es sólo un concepto filosófico, heredado de Aristóteles (πρώτη ὕλη), cuyo significado se amplía luego al ámbito económico y al mercantil hasta que aparece por primera vez en el Diccionario de la Academia francesa en 1798, en su 5.ª edición, con la acepción que le damos hoy. De ahí que Montesquieu recurra a *denrées* para un concepto que carecía aún de término propio y que lo hayamos traducido por «materias primas», expresión más propia hoy para denotar ese significado, en detrimento de «bienes», «artículos» o «género», que no acaban de expresarlo bien.

12 M. tacha «Cuantas más mercaderías útiles tiene una nación para otra nación, más rica es la primera nación [*palabras tachadas ilegibles*] con respecto a las demás».

Hay dos clases de mercaderías: unas tienen un uso natural y se consumen con dicho uso, como el trigo, el vino[13], las telas; las demás tienen un uso ficticio como el oro y la plata[14].

De todas las mercaderías que un Estado puede tener, las simbólicas son aquéllas que lo enriquecen menos, ya que como tales símbolos son muy duraderos y se consumen y se destruyen poco, según conviene a su naturaleza simbólica, ocurre que cuanto más aumentan esas clases de riquezas mayor precio pierden porque menos cosas representan[15].

Los españoles, una vez que hubieron conquistado México y el Perú, descuidaron

---

13 M. tacha «la madera».

14 M. tacha entera tras el punto una última frase del párrafo: «Éstas son mercaderías que son símbolos que representan a las demás mercaderías».

15 M. tacha «mayor precio pierden, pues a medida que los símbolos se vuelven más comunes menos cosas representan».

las mercaderías reales por las ficticias[16] y la visión de la ganancia del momento presente los volvió groseramente incautos.

Al cabo de un año de la conquista, el oro y la plata se encontraron en Europa en doble cantidad, lo que resultó en que el precio de todo lo que se compraba fuera de alrededor del doble.

Los españoles excavaron minas, horadaron montañas, inventaron maquinaria para achicar aguas, fragmentar el mineral y separarlo por doquier, y como se descuidaban de la vida de los indios, les hicieron trabajar sin miramientos. La plata[17] pronto volvió a duplicarse en Europa. Así, la ganancia volvió a quedarse en la mitad para España, que no recibía de las Indias cada año más que la misma cantidad de un metal que se había vuelto la mitad de valioso.

---

16 M. tacha «descuidaron las fuentes de sus riquezas para ir en busca de otras.

17 M. tacha «La plata de ese modo».

En el doble de tiempo, la plata volvió a duplicarse y la ganancia volvió a disminuir a la mitad.

Llegó incluso a disminuir a menos de la mitad. He aquí cómo.

Para extraer el oro de las minas y darle la preparación requerida para transportarlo a Europa, era menester cierto gasto. Supongo que era de una proporción como de 1 a 64[18]. Cuando la plata se duplicó una vez y, por ende, se volvió la mitad de valiosa, el gasto fue como de 2 a 64 o de 1 a 32[19]. Así pues, las flotas que acarreaban hasta España la misma cantidad de oro acarreaban una cosa que en verdad valía la mitad menos y costaba la mitad más.

Si se sigue el hilo duplicación tras duplicación, se dará cómodamente con la progresión de la miseria de España.

Hace unos doscientos años que se trabajan las minas de las Indias. Supongo que la

---

18 M. tacha «1 a 100».

19 M. tacha «2 a 100 o 1 a 50».

cantidad de oro y de plata que hay en la actualidad en el mundo que comercia sea a la que había antes del descubrimiento como de 32 a 1, es decir, que se haya duplicado cinco veces[20]. Dentro de otros doscientos años, esa misma cantidad será como de 64 a 1, es decir, que se habrá duplicado. En la actualidad cincuenta quintales de mineral de oro dan cuatro, cinco o seis onzas de oro, y cuando sólo dan dos[21], el minero

---

20 M. anota en el margen: «Obsérvese que se duplicó dos veces desde 1560 hasta 1613». Earl J. Hamilton analiza este fenómeno, y la consiguiente inflación que indujo, en su obra *El tesoro americano y la revolución de los precios en España, 1501-1650*, publicada en 1934, traducida al español en 1975.

21 M. anota en el margen: «Fraisier, p. 98». Aunque hay un desliz en la grafía, Montesquieu sin duda se refiere a Amédée Frézier y a su *Relación del viaje por el Mar del Sur a las costas de Chile y el Perú durante los años de 1712, 1713 y 1714*, que también cita en sus *Reflexiones sobre la monarquía universal en Europa* y de la que hay traducción al español. En efecto, en la referida página 98 Frézier relata el procedimiento de extracción del oro y dice así (la traducción

apenas cubre sus gastos. Dentro de doscientos años, cuando sólo den cuatro, el minero seguirá apenas cubriendo sus gastos. Por ende, no habrá sino poca o ninguna ganancia que sacar del oro.

Mismo razonamiento en cuanto a la plata, salvo que el trabajo de las minas de

---

es nuestra): «Según la calidad de las menas y la riqueza de las vetas, cincuenta quintales de mineral o cada cajón dan cuatro, cinco y seis onzas de oro; cuando sólo dan dos, el minero apenas cubre sus gastos, lo que sucede muy a menudo»; sin embargo, Frézier añade justo después: «pero también queda a veces bien resarcido cuando encuentra buenas vetas, pues las minas de oro son, de todas las metálicas, las más desiguales; se persigue una veta que se ensancha, se estrecha, parece incluso perderse, y ello en un pequeño espacio de terreno. Esta rareza de la naturaleza hace que los mineros vivan con la esperanza de encontrar lo que ellos llaman la *bolsa*, que son ciertos pedazos de veta tan ricos que a veces han enriquecido a un hombre de golpe; es también esa irregularidad lo que suele arruinarlos, de ahí que sea más raro ver a un minero de oro rico que a uno de plata, o de otro metal, aunque tenga menos gastos para extraerlo del mineral».

plata es un poco más provechoso que el de las minas de oro.

Por ende, el trabajo de las minas de las Indias habrá de decaer como el de las minas de Egipto, el Ática[22], los Pirineos o Alemania.

Y si se descubren ciertas minas tan abundantes que den más ganancia[23], cuanto más abundantes sean, antes se acabará la ganancia, y si fueran abundantes a tal cierto punto, el oro y la plata perderían por fuerza su cualidad de símbolos.

Los portugueses han encontrado en Brasil minas de oro tan ricas que es menester que la ganancia de los españoles pronto disminuya considerablemente y la de los portugueses también.

[Así pues, los españoles tienen las peores materias primas del universo, el oro y la plata, porque se consumen poco con el uso;

---

22 M. añade y luego tacha «Macedonia».
23 M. tacha «todavía den ganancia».

su dureza, su escasa utilidad para las artes[24] y la avaricia de quienes las custodian hacen que no perezcan casi en absoluto.][25]

Lo que ha acabado de envilecer[26] el oro y la plata en su cualidad de símbolos fueron las compañías y bancos que ingleses y holandeses vienen estableciendo; pues por medio de nuevas ficciones multiplicaron tanto los símbolos de las materias primas que oro y plata dejaron

---

24 M. no se refiere aquí a las bellas artes o a las artes plásticas, sino más bien a los oficios e industrias de carácter manual o mecánico. En las demás partes del texto «arte» tendrá también este significado, tanto en singular como en plural.

25 Este párrafo está rayado en vertical; sin embargo, reaparece más adelante en el margen de este esbozo con un leve cambio e indicándose el lugar que debe ocupar entre otros dos párrafos; por último, aparece más elaborado en la versión pulida que recogemos en esta obra de las *Consideraciones sobre las riquezas de España*.

26 «Envilecer» (*avilir* en francés) significa aquí y en el resto del texto la segunda acepción que le da el *Diccionario* de la Real Academia Española: 'Hacer que descienda el valor de una moneda, un producto, una acción de bolsa, etc.': devaluar o depreciar.

de cumplir, salvo en parte, ese cometido, y por ello se volvieron mucho menos valiosos.

Así el crédito les hizo las veces de minas y disminuyó aún más la ganancia que los españoles extraían de las suyas.

Es verdad que mediante el comercio que los holandeses[27] hicieron en las Indias orientales, revalorizaron algo la mercadería de los españoles, ya que como llevaron plata para trocar por las mercaderías de Oriente, aliviaron en Europa a los españoles de parte de su materia prima, que sobreabundaba en ella.

Y ese comercio que parece que no atañe a España más que indirectamente, ese comercio que España siempre ha visto con[28] envidia, le resulta más provechoso que a ninguna otra nación[29], porque se lleva a cabo únicamente con su mercadería[30].

---

27 M. tacha «los holandeses tras los portugueses».

28 M. tacha «ese comercio por el que no siente».

29 M. tacha «ese comercio le impide perecer».

30 M. tacha «su materia prima». No se refiere sólo a la plata como metal, sino también como

En la tesitura en que las cosas están en la actualidad, los galeones o la flota de España traerán de las Indias en oro o en plata el contravalor de alrededor de treinta y cinco millones de escudos[31], y como los

---

moneda; ambas acepciones se funden en la palabra francesa *argent*, al igual que en el vocablo «plata» en la mayor parte del condominio lingüístico hispanohablante, y principalmente en el continente americano, pues antaño las monedas se acuñaban de este metal, como el célebre real de a ocho, que se convirtió en moneda de cambio internacional (según vislumbra el texto) y, más tarde, en origen del dólar.

31 M. no se refiere al escudo español, sino al francés (que equivale a tres libras tornesas, o a 60 sueldos torneses, o a 120 denarios franceses), que, tras haber comprobado las fuentes de la época y los cómputos de Montesquieu (véase la nota 10), tiene un valor que ronda el del real de a ocho de plata español. Nos reafirma en esta tesis el hecho de que en el primer artículo de las *Consideraciones sobre las riquezas de España*, recogidas más adelante, Montesquieu vuelve a traer a colación aquellos 35 millones, pero en esa ocasión, como veremos, Montesquieu ya no habla de *écus* (escudos franceses), sino que dice *piastres*, que es exactamente como se llama en francés el real de a ocho de plata español. Por

galeones de la flota sólo parten dos veces en cuatro años, llegan por ambas travesías cada año a Europa al menos cincuenta y dos millones y medio.

Lo que llega por Portugal, por los buques de contrabando, por las remesas de oro que proceden de las Indias en trueque de la plata que se lleva a ellas, por el oro en polvo de Guinea, asciende a mucho más de otro tanto, es decir, que llegan bien ciento veinte[32] millones en oro o en plata todos los años a Europa, y aun si saliera un cuarto de ello para las Indias, lo que dista mucho de ser el caso, aun así habría cada año un excedente de alrededor de ochenta[33] millones en Europa.

---

ende, el texto no está diciendo que los españoles trajeran 35 millones de escudos (y mucho menos franceses), sino que el oro y la plata que traían de América tenían un valor de unos 35 millones de escudos franceses o, mejor, de reales de a ocho de plata.

32 M. tacha «cincuenta».

33 M. tacha «cien».

Así pues, los españoles tienen la peor materia prima del universo porque se consume poco con el uso; su dureza, su escasa utilidad para las artes y la avaricia de quienes la custodian hace que no perezca casi en absoluto.

Se puede juzgar por todo lo que acaba de decirse la prudencia de las ordenanzas del Consejo de España que prohíben emplear el oro y la plata en brocados y otros gastos superfluos[34], decreto tan poco sensato

---

34 M. habla aquí de «ordenanzas» y de «decreto»; sin embargo, debe de referirse a la Pragmática Sanción de Felipe V sobre trajes y otros gastos superfluos, del año 1723, que amplía otra de Carlos II, de 1691. Si nos remitimos a la nota 2 de esta obra, veremos que Montesquieu afirma que la redacción primigenia del original de este esbozo de las *Consideraciones sobre las riquezas de España* es anterior a las *Reflexiones sobre la monarquía universal en Europa*, que habíamos datado entre 1718 y 1724. Sabiendo que la pragmática se publicó el 17 de noviembre de 1723, podemos inferir, pues, que la datación de ambos textos, al menos en su versión inicial, se sitúa en torno a 1724. Si bien la pragmática en cuestión volvería a publicarse en 1729, hay que

como lo sería que los Estados de Holanda hicieran lo propio prohibiendo el consumo de canela.

[No hay ningún Estado más agraciado por el cielo que Francia. Sus principales materias primas se consumen y renacen prácticamente todos los años; siempre una nueva abundancia para nuevas necesidades: cosa que no puede decirse del oro y de la plata de España, del plomo y del estaño de Inglaterra y de Alemania, ni del cobre y el latón del Norte.

He oído varias veces deplorar la ceguera del Consejo de Francisco I, que rechazó a Colón cuando acudió primero a Francia para convertirla en dueña de todos los

---

descartar la elección de esta fecha para datar el texto, ya que en una nota a pie de página del libro XXII, capítulo X, del *Espíritu de las leyes*, Montesquieu indica 1744 como año en que escribe esa parte (si bien la obra se publicaría más tarde, en 1748), a la vez que en el libro XXI, capítulo XXII, de esa misma obra afirmaba haber escrito más de veinte años atrás las *Reflexiones sobre la monarquía universal en Europa*.

tesoros de las Indias. En verdad a veces se hacen por necedad cosas muy sabias. Nos habría ocurrido, como a España, renunciar a verdaderas materias primas para hacernos con falsas. Además de que el trabajo de las minas es un trabajo de esclavos y de que consume muchos hombres, enriquece poco y creo yo que sería muy fácil demostrar que Francia saca más ganancia de su pequeña isla de la Martinica, de su porción de Santo Domingo[35] y del establecimiento que tenía antes de la paz de Terranova que no España del vasto continente de las Indias. He aquí mi prueba. En el comercio de las Indias, los extranjeros envían cada

---

35 Se refiere a la isla de la Española, también llamada de Santo Domingo, cuyo tercio occidental, actual Haití, estuvo bajo dominio francés de 1697 a 1804 tras su cesión por España, bajo cuya soberanía permaneció el resto de la isla hasta su emancipación, primero en 1821 y, más tarde, luego de ser ocupada por Haití y de haberse reincorporado a la monarquía española, en 1865, cuando se restaura la República Dominicana.

año en mercaderías cincuenta millones[36], esto es, los ingleses seis o siete millones, los hamburgueses cuatro, los flamencos seis, los holandeses diez, los genoveses once o doce, los franceses trece o catorce...][37]

---

36 M. tacha «de sus respectivos países a los precios a los que se venden en ellos».

37 Este párrafo y el anterior están rayados con trazos horizontales y verticales. Como vimos en un párrafo anterior, no significa que Montesquieu invalide las ideas que en ellos expresa, sino más bien su estado embrionario o su ubicación textual. No en vano, estos pensamientos reaparecerán reelaborados en la versión conclusiva de las *Consideraciones sobre las riquezas de España* que recogemos más adelante.

SEGUNDA MEMORIA

Creo haber mostrado en una primera memoria que el negocio fundamentado en el trabajo de las minas de oro y de plata era el peor de todos, porque se destruía a sí mismo.

Voy ahora a demostrar que, aunque las minas de que se adueñaron los españoles al descubrir el Nuevo Mundo fueran mucho más ricas que ninguna de las que se había conocido hasta entonces, aun así ningún Estado había emprendido aún dicho trabajo con menos provecho que Castilla[38].

---

38 Una versión anterior de este párrafo está tachada varias veces y en el margen se lee la siguiente redacción, rayada transversalmente: «[*Mostrar*] que España trabaja las minas de México y el Perú sin ningún provecho para ella y que, aunque esas minas fueran más ricas en tiempos del descubrimiento que ninguna de las que se había conocido hasta entonces, aun así

Es cierto que los egipcios, los atenienses y los macedonios[39] se sirvieron útilmente de sus minas para acrecentar su poderío. He aquí la razón. Aquellas minas estaban en el centro de sus Estados; eran la mercadería del país, que, junto a las que tenía en común con los extranjeros, tenía además el oro y la plata, de las que éstos carecían.

Se hacía además un comercio interior en Egipto, el Ática y Macedonia. Quien trabajaba en las minas recibía por su plata mercaderías del país y los demás ciudadanos recibían plata por sus mercaderías.

Y al encontrarse la plata en mayor abundancia en aquellos Estados que en los Estados vecinos, las materias primas del país eran más caras, el trabajo y la industria mejor pagada, más elaborada, los vecinos más

---

ningún pueblo hizo jamás tal trabajo con menos provecho que Castilla».

[39] M. tacha «y los cartagineses». Anota en el margen «Comenzar por los españoles y estableciendo las dos razones, la lejanía y la vasta extensión. He oído a veces aseverar...».

entusiastas para acudir a vivir en ellos, más sencilla la satisfacción de las necesidades del Estado y las de los particulares.

Los cartagineses trabajaron también las[40] minas de España; pero aunque aquellas minas estuvieran alejadas de Cartago[41], aun así estaban dentro de la esfera de su poder. Obligados a tener una guerra continua en España, se servían del oro de los íberos para someter a los íberos, además de que al ser casi los únicos comerciantes de Occidente, comerciaban con dicha materia prima como con todas las demás.

Digo que los españoles no están en situación tan favorable por dos razones: una, porque los países donde están sus minas son[42] demasiado vastos; otra, porque éstas están demasiado alejadas del centro de su poder.

---

40 M. tacha «En cuanto a los cartagineses que excavaron».

41 M. tacha «del centro de su dominación».

42 M. tacha «una, que las Indias son».

Así las cosas, es menester contemplar esa parte de la monarquía de España como una segunda potencia de un mismo dueño. Es más: y es que las Indias son lo principal y España no es más que lo accesorio. En vano, la política trata de reducir[43] lo principal a lo accesorio: las Indias atraen siempre a España hacia ellas.

El negocio de las minas de oro de las Indias es todo él en favor de las Indias, que por su mercadería reciben otras tantas mercaderías de Europa.

De cincuenta millones en materias primas que van todos los años a las Indias, España sólo abastece dos millones y medio. Las Indias hacen por este único concepto un comercio de cincuenta millones; España, de dos millones y medio.

Por más real que sea el poderío de las Indias, es imaginario para[44] España. Son

---

43 M. tacha «quiere reducir».

44 M. tacha «Por más real que sea el poderío de las Indias, no es tan grande como para sustentar».

un gran almacén inútil en sus manos, más útil en las de una potencia mercante que pudiera tanto dar como recibir.

Pero una potencia tal en Europa no conseguiría nunca de las Indias más que una salida para sus mercaderías, y la ganancia que produjeran las Indias, habida cuenta de la gran lejanía, sería únicamente para las Indias y no para esa potencia.

Y por mayor que fuera el provecho de ese comercio para las Indias, no lo sería tanto como para sustentar ese gran cuerpo siempre expuesto a la ambición del universo.

TERCERA MEMORIA

Del derecho[45] que el rey de España percibe del quinto de la plata y del vigésimo del oro.

La ganancia[46] que España percibe de las Indias es un derecho del quinto de la plata y del vigésimo del oro, que bien puede llegar a nueve o diez millones por año.

Cosa a primera vista harto lucrativa: nueve o diez millones que se ingresan de primera mano en las arcas del soberano.

Digo que el provecho que consigue España de ese almojarifazgo[47] sobre las mer-

---

45 M. tacha «renta». Este primer párrafo hace las veces de título de la tercera memoria.

46 M. tacha «La gran ganancia» y también «El único provecho».

47 «Almojarifazgo: Derecho que se pagaba por los géneros o mercaderías que salían del reino, por los que se introducían en él, o por aquellos con que se comerciaba de un puerto a otro dentro

caderías de las Indias no es comparable al que conseguiría de una pequeña provincia en los páramos de Castilla que le diera un tributo de la mitad de ese valor.

Nunca insistiré lo bastante en que se sigue teniendo una idea muy equivocada del poder del oro y de la plata, a los que se les atribuye, aun en perjuicio propio, una virtud real, forma de pensar que se debe principalmente a que se ve que los Estados tienen mucho de uno y otra, pero la razón de ello es que su buen orden público, la bonanza y el cultivo de sus tierras, y la solidez de su comercio los atraen necesariamente, y se hace de estos metales una causa del poderío de tales Estados, cuando no son más que el símbolo de él[48].

---

de España.» (*Diccionario* de la Real Academia Española).

[48] Todo este párrafo está escrito entre líneas de una primera versión muy tachada y legible sólo en parte; además, el último renglón quedó inutilizado por la encuadernación.

Así mismo, al estar la mayoría de los Estados de Europa abrumados de deudas[49] y agobiados por gastos de cierto valor, toman el oro y la plata como instrumentos idóneos para sus compromisos, que más que nunca se han vuelto un sostén necesario para su poder. Pero sólo hay que prestar atención[50] a lo que lleva mucho tiempo sucediendo en el mundo: se verá que la mayoría de los Estados que fueron subyugados y destruidos no carecían de oro ni de plata y que los más débiles eran aquéllos en los que había mayor cantidad de tales metales.

Un tributo semejante, recaudado de esa provincia imaginaria, sería consecuencia de la industria, de la riqueza y del número de

---

49 M. tacha «todos abrumados de deudas, si quieren cumplir sus compromisos todos en valor monetario, es menester que les queden oro y plata».

50 M. tacha «Pero sólo hay que ver las historias y se verá que la mayoría de los Estados que fueron subyugados y destruidos no carecían de oro ni de plata y que los Estados más débiles eran aquéllos que menos carecían de tales metales».

sus habitantes[51]. Una provincia semejante alentaría a las demás y[52] todas las provincias juntas estarían en mejores condiciones de sufragar sus respectivos dispendios. El príncipe recabaría de allí todas las cosas necesarias para la guerra; soldados para hacerla, materias primas útiles, recursos para dar cumplimiento a sus designios, socorros[53] extraordinarios para los casos de necesidad. Allí encontraría negociantes emprendedores, obreros industriosos, ciudades potentes, un pueblo fiel.

---

[51] M. tacha «que estarían en condiciones de darle tanto recursos en la guerra como bienestar en la paz».

[52] M. tacha «y llevaría la circulación, el bienestar y las riquezas a las provincias vecinas y las colocaría en mejores condiciones de sufragar los dispendios que se les imponen». Por «circulación» entiende su acepción económica: 'Movimiento de los productos, monedas, signos de crédito y (…) de la riqueza' (*Diccionario* de la Real Academia Española).

[53] Por «socorro» hay que entender aquí tanto 'dinero, alimento u otra cosa con que se socorre' como 'tropa que acude en auxilio de otra' (*Diccionario* de la Real Academia Española).

No es procedente que las riquezas del príncipe le pertenezcan de inmediato como aquéllas de las que estamos hablando. Es menester que los tributos sean consecuencia de la riqueza de su Estado, que sus súbditos compartan su bienestar con él, y que él comparta el suyo con ellos[54].

El rey de España, que percibe diez millones de las Indias, no es propiamente dicho más que un particular muy rico dentro del Estado. Esa riqueza no guarda sino una parte de la relación que debe guardar con la de los particulares. Pero si los recaudara de la propia España, esa tributación no sería más que una consecuencia de la riqueza de todo el Estado[55].

No basta con tener agua; es menester que sea de buen manantial, que pueda

---

54 M. tacha «Es menester que éstos sean consecuencia de la riqueza de sus súbditos y que el príncipe comparta su bienestar con ellos».

55 M. tacha «apenas si guarda relación alguna con la riqueza de España; en vez de si recaudara diez millones de la propia España».

crecer y que en su curso lleve la abundancia a todas partes.

He aquí lo que tenía que decir sobre España. Tendría aún no pocas reflexiones que hacer sobre Inglaterra, Holanda, Italia, Alemania y el Norte[56]. Pero como esas cosas atañen principalmente a los estadistas, que tienen acerca de ellas un entendimiento del que los particulares carecen, creo que debo tratar cuestiones que estén un poco más a mi alcance.

---

[56] M. tacha «Tendría aún no pocas cosas que decir sobre Inglaterra, sobre los reinos y países austríacos, sobre Portugal, sobre Italia».

CONSIDERACIONES SOBRE LAS RIQUEZAS DE ESPAÑA

ARTÍCULO 1[57]

---

[57] Todo este artículo sustituye a otro anterior, cuyo contenido era el siguiente:
«Los galeones y la flota de las Indias traen a Cádiz alrededor de ciento cinco millones de libras, a 27 libras el marco, y como sólo parten dos veces cada cuatro años, llegan al año a Europa cincuenta y dos millones y medio.
«Lo que viene por Portugal, por los buques de contrabando, por las remesas de oro que proceden de las Indias en trueque de la plata que se lleva a ellas asciende a mucho más de otro tanto; es decir, que llegan todos los años a Europa más de cien millones.
«Es verdad que por el comercio que algunas naciones y sobre todo los holandeses hacen en las Indias orientales una parte de esa plata se va a aquellos países en trueque de las mercaderías que se traen de ellos.

Los galeones y la flota de las Indias traen a Cádiz en oro o en plata un contravalor de alrededor de treinta y cinco millones de reales de a ocho, y como sólo parten dos veces cada cuatro años, cada año llega a Europa por ambas travesías un contravalor de entre diecisiete y dieciocho millones de reales de a ocho.

Creo que lo que entra defraudando, lo que llega por los buques de contrabando y otras vías indirectas bien alcanza la mitad de tal suma; que entra un valor de cerca de entre dieciocho y veinte millones de florines de Alemania por Portugal, y que se extraen de las minas de Europa dos o tres millones,

---

«También es verdad que los obreros hacen un gran consumo de ese oro y de esa plata, pero aun con eso y con todo deben quedar necesariamente más de cincuenta millones en Europa.
«Obsérvese que el oro aumenta a proporción allí más que la plata por dos razones: la primera, que se han encontrado en Brasil minas de dicho metal ubérrimas; la segunda, que las Indias orientales no viven del oro y, al contrario, lo venden por plata».

lo que hace alrededor de cuarenta[58] millones de reales de a ocho.

Creo bien que del comercio que los súbditos del rey de Marruecos hacen en Tombuctú, del que los egipcios hacen en Abisinia, del que la mayoría de las naciones de Europa hacen en las costas de África, se extrae bien todos los años en oro o en plata de esa parte del mundo un valor de entre cuatro y cinco millones de reales de a ocho.

En cuanto a las Indias orientales, hay minas de oro en China, Japón, Cochinchina, Sumatra y Macasar, y aunque sólo en Japón haya minas de plata, éstas son muy ricas y muy abundantes.

Nótese además que hay tal cantidad de oro en las Indias orientales que, aunque las naciones de Europa lleven de continuo a ellas plata para hacer su comercio, por tener pocas mercaderías que enviarles, y aunque las minas de Japón sean muy abundantes, aun así el oro está allí como uno es

---

58 M. tacha «o cuarenta y cinco».

a diez o doce, aunque esté en Europa como uno es a catorce y medio.

Y que no se diga que no hay apenas oro en las Indias orientales porque no se traiga oro de allí a Europa; ya que la razón es que da más ganancia transportarlo entre las propias Indias, desde los lugares donde hay minas hasta aquéllos donde no las hay.

Hace alrededor de trescientos años conocíamos aún menos países que los romanos: si bien sabíamos más que ellos de algunos países, sabíamos menos de otros, además de que África, América y una gran porción de Asia estaban ignotas porque los pueblos de cada parte del mundo de por entonces estaban separados de todos los demás por su ferocidad, por su miseria, por su temor; sólo había labriegos y gentes de la guerra.

Las artes habían sido destruidas en Asia y en África por las conquistas de los mahometanos; habían sido destruidas en Europa[59] por los bárbaros que la habían

---

59 M. tacha «por el gobierno de los nobles».

sometido. Hungría y Polonia nos dan aún una idea ajustada de la Europa de antaño.

En varias partes de la tierra el uso del oro y de la plata era desconocido. En otras no circulaba de una nación a otra, y en todas partes las minas estaban descuidadas o ignoradas, o bien, por la deficiencia o la impericia de los obreros, mal trabajadas.

En la actualidad que el universo no compone apenas sino una sola nación, que cada pueblo conoce lo que le sobra y lo que le falta y persigue proveerse de los medios para recibirlo, el oro y la plata se extraen en todas las partes de la tierra, son metales que se transportan a todas partes, cada pueblo se los transfiere, y no hay una sola nación cuyo capital en oro y en plata no crezca todos los años, aunque con mayor prontitud y mayor abundancia en unas que en otras[60].

---

[60] M. tacha «En la actualidad hay tal transferencia que el universo apenas compone sino una sola nación. Cada pueblo se transfiere sus ventajas,

El consumo que de estos metales hacen los diferentes obreros en las diversas manufacturas no puede ir extremadamente lejos, cuanto y más que una gran parte de la materia subsiste tras la obra, ya que el arte la devuelve a su primer estado.

---

da sus mercaderías excedentarias, recibe las de los demás, y como un pueblo no es rico sino en la proporción en que tiene de ellas, cada pueblo no puede recibir sino en la proporción que tenga para dar. El oro de los romanos disminuía todos los días en Europa; había perecido por las guerras».

ARTÍCULO 2[61]

España extrae poco provecho de la gran cantidad de oro y de plata que recibe todos los años de las Indias. La ganancia era al principio considerable, pero se ha destruido por sí misma y por el vicio interno de la cosa. Voy a explicar mi pensamiento.

Cada nación que comercia en Europa tiene sus mercaderías o materias primas privativas que canjea por las mercaderías o materias primas de los demás países.

Hay dos clases de mercaderías: unas tienen un uso natural y se consumen con dicho uso, como el trigo, el vino y las telas; las demás tienen un uso ficticio, como el oro y la plata.

De todas las mercaderías que un Estado puede tener, las ficticias o simbólicas son

---

61 M. anota en el margen que ha trasladado parte de este artículo a sus *Reflexiones sobre la monarquía universal en Europa*.

aquéllas que lo enriquecen menos, ya que como tales símbolos son muy duraderos y se consumen y se destruyen poco, según conviene a su naturaleza simbólica, ocurre que cuanto más aumentan esas clases de riquezas, mayor precio pierden porque menos cosas representan.

Los españoles, una vez que hubieron conquistado México y el Perú, descuidaron las fuentes de riquezas naturales por riquezas ficticias, y la visión de la ganancia del momento los volvió enteramente incautos.

En tiempos de la conquista del Nuevo Mundo la plata era muy escasa en Europa, por dos razones: la primera, porque las devastaciones de las naciones del norte, el saqueo y el incendio de las ciudades habían consumido o hecho perder casi todo el oro de los romanos; la segunda, porque como aquellos pueblos bárbaros carecían de manufacturas toda la plata se había ido, sin vuelta atrás, en trueque de mercaderías de

Asia, y aunque luego los venecianos hicieran un gran comercio en Oriente, eso, empero, no hizo que regresara, pues los orientales siempre nos han dado mercaderías suyas sin tener mucha necesidad de las nuestras.

España, dueña de una gran cantidad de oro y de plata, dejó atónitos a todos sus vecinos y concibió esperanzas que jamás había albergado; las riquezas encontradas en el país conquistado, empero, no eran proporcionadas con respecto a las de sus minas, porque los indios escondieron una parte de ellas; porque como los indios sólo se servían del oro y la plata en aras de la magnificencia de templos de dioses y palacios de reyes, no las buscaban con la misma avaricia que nosotros; porque no conocían los entresijos de la extracción de esos metales de todas las minas, sino sólo de aquéllas en que la separación se lleva a cabo con fuego, pues desconocían la forma de usar el mercurio, y acaso hasta el propio mercurio.

Mientras tanto, pronto la plata no dejó de duplicarse en Europa, lo que resultó en que el precio de todo lo que se compraba fuera de alrededor del doble.

Los españoles excavaron minas, horadaron montañas, inventaron maquinaria para achicar aguas, machacar el mineral y separarlo; y como les traía sin cuidado la vida de los indios, les hicieron trabajar sin miramientos. La plata pronto volvió a duplicarse en Europa, y la ganancia seguía reduciéndose a la mitad para España, que no recibía cada año de las Indias más que la misma cantidad de un metal que se había vuelto cada vez menos valioso.

En el doble de tiempo, la plata volvió a duplicarse y la ganancia volvió a disminuir a la mitad.

Llegó incluso a disminuir a menos de la mitad, he aquí cómo.

Para extraer el oro de las minas, darle la preparación requerida y transportarlo a Europa, era menester cierto gasto. Supongo que éste era de una proporción como de 1 a 64. Cuando la plata se duplicó una vez y, por ende, se volvió la mitad de valiosa, el gasto fue como de 2 a 64 o de 1 a 32. Así pues, las flotas que acarreaban hasta España la misma cantidad de oro acarreaban una cosa que en verdad valía la mitad menos y costaba la mitad más.

Si se sigue el hilo duplicación tras duplicación, se dará cómodamente con la progresión de la miseria de España.

Hace unos doscientos años que se trabajan las minas de las Indias. Supongo que la cantidad de oro y de plata que hay en la actualidad en el mundo que comercia sea a la que había antes del descubrimiento como de 32 a 1, es decir, que se haya duplicado cinco veces; dentro de otros doscientos años, esa misma cantidad será como de 64 a 1, es decir, que se habrá vuelto a duplicar. En la actualidad cincuenta quintales de mineral de oro dan cuatro, cinco y hasta seis onzas de oro, y cuando sólo dan dos, el minero apenas cubre los gastos. Dentro de doscientos años, cuando sólo den cuatro, el minero apenas si seguirá cubriendo poco más que gastos; por ende, no habrá sino poca o ninguna ganancia que sacar del oro.

Mismo razonamiento en cuanto a la plata, salvo que el trabajo de las minas de plata es un poco más provechoso que el de las minas de oro.

Por ende, el trabajo de esas minas habrá de decaer como el de las minas de Egipto, el Ática, los Pirineos o Alemania.

Y si se descubren ciertas minas tan abundantes que den más ganancia, cuanto más abundantes resulten, antes se acabará la ganancia.

Así pues, los españoles han fundamentado su fortuna en la peor mercadería del universo, porque se consume poco con el uso; su escasa utilidad para todas las artes y la avaricia de quienes la custodian hacen que no perezca casi en absoluto.

ARTÍCULO 3

Mientras que los españoles eran dueños del oro y de la plata de las Indias, los ingleses y los holandeses hallaron impensadamente la forma de envilecer esos metales; establecieron bancos y compañías y por medio de nuevas ficciones multiplicaron tanto los símbolos de las nuevas materias primas que oro y plata dejaron de cumplir, salvo en parte, ese cometido.

Así el crédito público les hizo las veces de minas y disminuyó la ganancia que los españoles extraían de las suyas.

ARTÍCULO 4

Felipe II fue el primero de los reyes de España que se dejó engañar por la falsedad de sus riquezas, y, cosa que jamás habría sospechado, fue la miseria la que lo hizo fracasar en casi todas partes; se vio obligado a llevar a cabo la célebre quiebra por todos consabida, y acaso no ha habido jamás príncipe que sufriera más que él de los rumores, la insolencia y la revuelta de sus tropas siempre mal pagadas.

ARTÍCULO 5[62]

El comercio de las Indias orientales, que se hace casi todo él con plata de España, siempre la ha aliviado de parte de esta mercadería, que sobreabunda en Europa, ya que es de su interés que el oro y la plata que vienen de ella escaseen en Europa para que estén más caros en ésta y representen más mercaderías.

Así, las ordenanzas que España ha promulgado para prohibir el empleo del oro y la plata en brocados vienen a ser como si los Estados de Holanda hicieran lo propio prohibiendo el consumo de canela.

Mala reflexión, porque no cabe duda de que si España prohíbe los brocados sólo es porque la manufactura es extranjera[63].

---

62 M. anota en el margen de este artículo su inclusión en las *Reflexiones sobre la monarquía universal en Europa*, aunque cotejando una y otra versión vemos diferencias notables.

63 M. descarta una redacción anterior para los últimos párrafos del artículo, ya bosquejada en la

ARTÍCULO 6

Amén del vicio intrínseco del negocio que se hace del oro y de la plata que se extrae de las minas, hay además razones singulares que hacen que España goce de América con muy poco provecho para sí.

La vasta extensión de aquel país hace que España apenas si pueda sacar algún provecho de él, pues las fuerzas de ese gran

---

primera parte de esta obra, y que reproducimos a continuación:

«Y ese comercio que apenas si parece atañer a España, ese comercio que siempre ha visto con envidia, le resulta tan provechoso como a ninguna otra nación, porque se lleva a cabo únicamente con su mercadería.

«Pues es del interés de España que el oro y la plata que vienen de ella no sobreabunden en Europa, para que estén más caros.

«Por lo cual se puede juzgar la falta de prudencia de las últimas ordenanzas del Consejo de España, que prohibían emplear el oro y la plata en brocados y otros gastos superfluos, decreto tan poco sensato como si los Estados de Holanda hicieran lo propio prohibiendo el consumo de canela».

cuerpo se emplean por entero en sustentarlo y en defenderlo contra la ambición del universo.

Además[64], la gran lejanía lo deja, por así decir, fuera de la esfera de su poder. Las Indias y España son propiamente dichas dos potencias de un mismo dueño, pero las Indias son lo principal, y España no es más que lo accesorio. En vano, la política de los ministros quiere reducir lo principal a lo accesorio: las Indias atraen siempre a España hacia ellas.

El negocio de las minas de las Indias es todo él en favor de las Indias. Les resulta muy favorable, pues por su oro y su plata reciben el mismo valor en mercaderías de Europa.

---

[64] M. indica en el margen que, a partir de este párrafo, este artículo está incluido en sus *Reflexiones sobre la monarquía universal en Europa*; de nuevo, aunque parte de las ideas, en efecto, están recogidas en dicho opúsculo, vemos diferencias considerables entre una y otra versión.

La navegación que los españoles hacen es el único provecho; pero si se hallan en Dinamarca las mismas mercaderías, sería como si se fuera a buscarlas a Canadá.

De cincuenta millones en mercaderías que van todos los años a las Indias, España sólo abastece dos y medio. Por ende, las Indias hacen por este concepto un comercio de cincuenta millones; España, de dos millones y medio.

Así, por más real que sea el poderío de las Indias, es imaginario. Para España, son un gran almacén inútil en sus manos, más útil en las de una potencia mercante que pudiera tanto dar como recibir. Pero una potencia tal en Europa no conseguiría nunca de las Indias más que una salida para sus mercaderías. De ello extraería su particular provecho, pero la ganancia que produjeran las Indias sería únicamente para las Indias y nunca para esa potencia.

Por lo demás, una potencia tal, de la que las Indias fueran lo accesorio, no podría jamás albergar en sí todas las distintas clases de mercaderías y de materias primas que son menester para aquellos vastos países, y aun cuando su industria lo quisiera, el clima lo rehusaría; y aun cuando tuviera capacidad para expedir ella sola las remesas, no por ello lo haría, pues cómo impedir las remesas de las demás naciones en tan vasta extensión de costas, habida cuenta de que la propia escasez de volumen de la mercadería del país favorecerá siempre el contrabando.

En la actualidad que el comercio de las Indias no es de España, sino de Europa entera, es del interés de todas las naciones impedir el contrabando y no cometerlo; pero si alguna nación emprendiera el tráfico por su cuenta, todas las demás emplearían al instante contra ella su fuerza o su sutileza.

ARTÍCULO 7

Las principales naciones que han trabajado en las minas de oro y de plata son los egipcios, los atenienses, los macedonios y los cartagineses; y aunque sus minas fueran mucho menos ricas que las de los españoles, aun así extraían de ellas mucho mayor provecho que éstos, porque no estaban en iguales circunstancias. Aquellas minas estaban en medio de sus respectivos Estados; el oro y la plata que extraían de ellas eran una mercadería de sus países[65]; y junto a las mercaderías que tenían en común con los extranjeros, tenían además el oro y la plata, que les eran privativas.

Por añadidura, se hacía un comercio interior en Egipto, el Ática y Macedonia: quien trabajaba en las minas recibía por su plata mercaderías del país y los demás ciudadanos recibían plata por sus mercaderías.

---

65 M. añade en el margen: «Manufactura como en Hungría».

Y al encontrarse la plata en mayor abundancia en aquellos Estados que en los Estados vecinos, las materias primas del país eran más caras, el trabajo mejor pagado, la industria más incentivada, los vecinos más entusiastas para acudir a vivir en ellos, más sencilla la satisfacción de las necesidades del Estado y las de los particulares.

Así, he visto en Hungría que, aunque las minas de oro, plata y cobre no den más que para los gastos, aun así son muy útiles[66], porque situadas en un país abundante en trigo y vino, ocupan a diez mil hombres, que consumen una parte de dichos víveres y dan de vivir a tres o cuatro comarcas. El trabajo de las minas en Hungría fomenta el cultivo de las tierras; el trabajo de las minas en España lo destruye.

Los cartagineses trabajaron también las minas de España; pero aunque aquellas

---

[66] M. indica en el margen la inclusión de este párrafo en sus *Reflexiones sobre la monarquía universal en Europa*.

minas estuvieran alejadas de Cartago, aun así estaban dentro de la esfera de su poder. Obligados a tener una guerra continua en España, se servían del oro de los íberos para someter a los íberos, además de que al ser casi los únicos comerciantes de Occidente, negociaban con dicha materia prima como con todas las demás.

ARTÍCULO 8[67]

La principal fuente de rentas del rey de España es la plata que llega a Cádiz: 1.º por el derecho del quinto de la plata y del vigésimo del oro; 2.º por su derecho del seis por ciento sobre el oro y la plata de los

---

67 La redacción de este artículo pasa a sustituir esta otra anterior:
 «Supongo que el rey de España recauda todos los años de las Indias entre cuatro y cinco millones de reales de a ocho por su derecho al quinto de la plata y al vigésimo del oro, por su derecho del seis por ciento sobre el oro y la plata que entran por Cádiz y, finalmente, por los distintos gravámenes

que cobra de los navíos cuando parten de Europa, llegan a las Indias y regresan a Cádiz.

«Cosa a primera vista harto lucrativa: nueve o diez millones que se ingresan de primera mano en las arcas del soberano.

«Digo que el provecho que España consigue de ese almojarifazgo sobre la mercadería de las Indias no es comparable al que conseguiría de una pequeña provincia en los páramos de Castilla que le diera un tributo de la mitad de ese valor.

«Un tributo semejante recaudado de esa provincia imaginaria sería consecuencia de la industria; de la riqueza y del número de sus habitantes; pero una provincia semejante alentaría a todas las demás; todas juntas estarían en mejores condiciones de sufragar sus respectivos dispendios.

«El príncipe recabaría de allí todas las cosas necesarias para la guerra, soldados para hacerla, materias primas útiles, recursos para dar cumplimiento a sus designios, socorros extraordinarios para los casos de necesidad; allí encontraría negociantes emprendedores, obreros industriosos, ciudades potentes, un pueblo siempre presente para defenderla.

«No es procedente que las riquezas del príncipe le pertenezcan de inmediato y por vía accidental. Es menester que sean consecuencia de los tributos, y los tributos consecuencia del bienestar de los súbditos.

«El rey de España, que percibe diez millones de las Indias, no es a este respecto más que un particular muy rico dentro del Estado. Esa riqueza particulares que entran por Cádiz; 3.º por los distintos gravámenes que cobra de los navíos que parten de España, que llegan a las Indias, que regresan a Cádiz; 4.º finalmente, por el almojarifazgo que cobra en Cádiz por las mercaderías extranjeras que van a las Indias y las de las Indias que regresan por su cuenta. Todo ello va de los extranjeros al rey de España sin que los españoles participen casi de ello y es independiente de la buena o mala fortuna de España, por lo que el rey a este respecto no es más que un particular muy rico dentro del Estado[68].

---

no guarda sino una parte de la relación que debe guardar con la de los particulares; pero si los recaudara de la propia España, esa tributación no podría ser más que resultado y consecuencia de la opulencia de todo el Estado.

«No basta con tener agua: es menester que sea de buen manantial, que pueda crecer y que en su curso lleve la abundancia a todas partes».

68 M. indica en el margen la inclusión de este párrafo en sus *Reflexiones sobre la monarquía universal en Europa*, aunque en esa obra no están todas las ideas expuestas en este párrafo y, además, aparecen otras.

Creo que si algunas provincias de Castilla, por el cultivo y el número de gentes dieran al rey de España una suma más o menos semejante, su poder sería infinitamente mayor; los tributos serían consecuencia de la riqueza del país: esas provincias alentarían a todas las demás, todas juntas estarían en mejores condiciones de sufragar sus respectivos dispendios.

El príncipe recabaría de allí todas las cosas necesarias para la guerra: soldados para hacerla, materias primas útiles, recursos para dar cumplimiento a sus designios, socorros extraordinarios para sus casos de necesidad. Allí encontraría negociantes emprendedores, obreros industriosos, ciudades potentes, un pueblo siempre presente para defenderlo.

No es procedente que las riquezas del príncipe le pertenezcan de inmediato y por vía accidental; es menester que sean consecuencia de los tributos y los tributos consecuencia del bienestar de los súbditos.

Es un feroz inconveniente para un príncipe verse privado en su propia patria de las cosas que pueden contribuir al logro de grandes designios y no conseguirlas sino a fuerza de plata de los extranjeros.

ARTÍCULO 9

Nunca insistiré lo bastante en que se tiene una idea muy equivocada del poder del oro y de la plata, a los que se les atribuye, aun en perjuicio propio, una virtud real; esta forma de pensar se debe principalmente a que se ve que los Estados más poderosos tienen mucho oro y mucha plata; pero la razón de ello es que su buen orden público, la bonanza y el cultivo de sus tierras los atraen necesariamente, y se hace de estos metales una causa del poderío de tales Estados, cuando no son más que el símbolo de él.

Así mismo, al estar la mayoría de los Estados de Europa abrumados de deudas y agobiados por gastos de cierto valor monetario, el oro y la plata, instrumentos idóneos para cumplir sus compromisos, se han vuelto más que nunca, por accidente, el sostén necesario de su poder.

Pero sólo hay que prestar atención a lo que ha sucedido de siempre en el mundo: se verá que la mayoría de los Estados que fueron subyugados o destruidos no carecían ni de oro ni de plata y que los más débiles eran aquéllos en que había una mayor cantidad de tales metales[69].

He aquí las reflexiones que he hecho sobre la naturaleza del comercio de España. He oído no pocas veces deplorar la ceguera del Consejo de Francisco I, que rechazó a Colón cuando acudió primero a Francia para convertirla en dueña de todos los

---

[69] M. ahonda en estos razonamientos en el artículo II de las *Reflexiones sobre la monarquía universal en Europa*.

tesoros de las Indias. En verdad a veces se hacen por necedad cosas muy sabias, y el estado actual de España debe consolarnos.

Dejemos a otra nación ir a lo lejos a derribar montañas horrendas; dejémosle ese trabajo de esclavos; que sacrifique la vida y la salud de una gran parte de sus súbditos y que se consuele con el desprecio que les hace. Dejémosla que se destruya en Europa y se engrandezca en vano allende; que sea como aquel que estuvo a pique de perecer de miseria por haber pedido a los dioses que se convirtiera en oro todo lo que tocara. Por lo que a nosotros respecta, gozamos de nuestra tierra y nuestro sol; nuestras riquezas serán más sólidas, porque las necesidades siempre nuevas se colmarán con una siempre nueva abundancia.

www.ingramcontent.com/pod-product-compliance
Lightning Source LLC
LaVergne TN
LVHW041545070526
838199LV00046B/1828